sekolo - sekoly	2
eta - fitsangatsanganana	5
senamelwa - fitaterana	8
toropo - renivohitra	10
lefelo la dithaba - endritany	14
lebenkele la dijo - toeram-pisakafoanana	17
lebenkele la dihlare - supermarché	20
dino - zava-pisotro	22
dijo - sakafo	23
polasa - toeram-pambolena	27
ntlo - trano	31
phapoši ya go dula - efitra fandraisam-bahiny	33
boapeelo - lakozia	35
kamora ya go hlapela - efitra fandroana	38
phapoši ya bana - efitranon'ny ankizy	42
diaparo - akanjo	44
ofisi - birao	49
ekonomi - harinkarena	51
bodulo - asa	53
didirišwa - fitaovana	56
didirišwa tša mmino - zava-maneno	57
zuu - valan-javaboary	59
dipapadi - fanatanjahan-tena	62
mediro - raharaha	63
lelapa - fianakaviana	67
mmele - vatana	68
sepetlele - hopitaly	72
tšhoganetšo - vonjy taitra	76
Lefase - tany	77
sešupanako - ora	79
beke - herinandro	80
ngwaga - taona	81
dibopego - endrika	83
mebala - loko	84
tša go fapana - teny mifanohitra	85
dinomoro - isa	88
maleme - fiteny	90
mang / eng / bjang - iza / inona / ahoana	91
kae - aiza	92

Impressum
Verlag: BABADADA GmbH, Nedderfeld 112 , 22529 Hamburg
Geschäftsführer / Verlagsleitung: Harald Hof
Druck: Books on Demand GmbH, In de Tarpen 42, 22848 Norderstedt

Imprint
Publisher: BABADADA GmbH, Nedderfeld 112 , 22529 Hamburg, Germany
Managing Director / Publishing direction: Harald Hof
Print: Books on Demand GmbH, In de Tarpen 42, 22848 Norderstedt, Germany

sekolo
sekoly

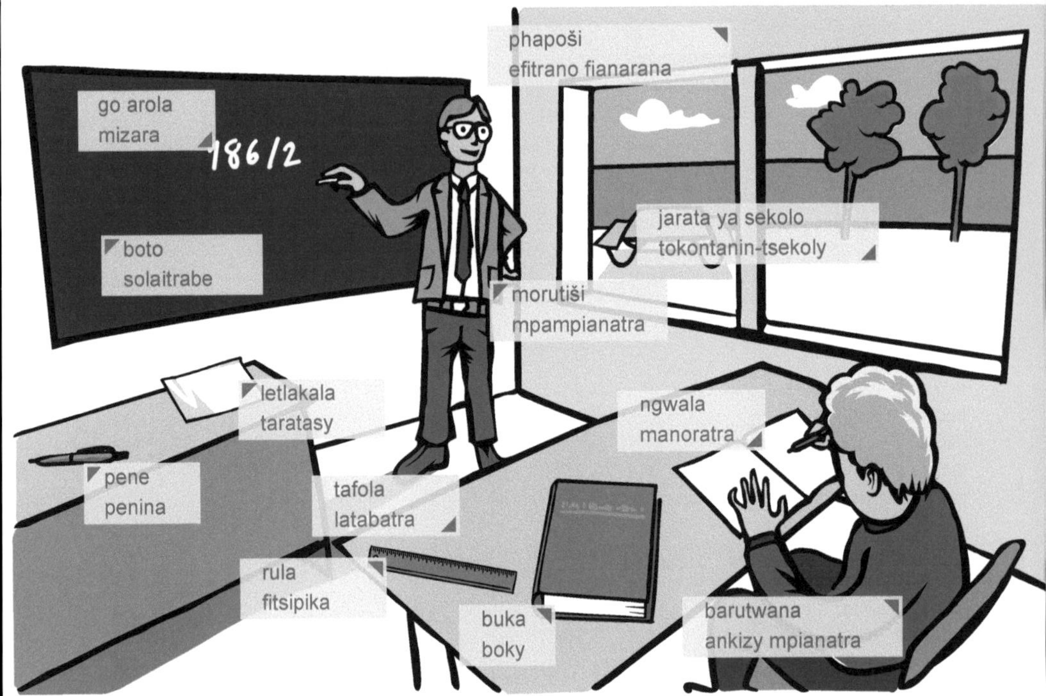

phapoši
efitrano fianarana
go arola
mizara
186/2
boto
solaitrabe
jarata ya sekolo
tokontanin-tsekoly
morutiši
mpampianatra
letlakala
taratasy
ngwala
manoratra
pene
penina
tafola
latabatra
rula
fitsipika
buka
boky
barutwana
ankizy mpianatra

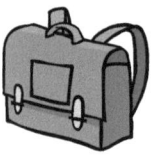

peke
kitapo

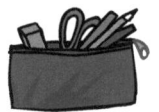

kheise ya phensele
torosy

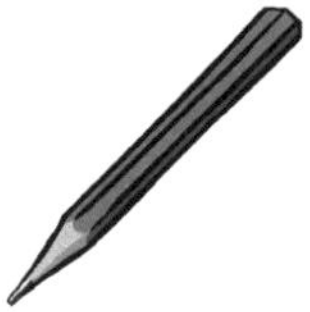

phensele
pensilihazo

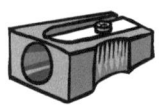

motšhene wa go betla phensele
fandrangitana pensilihazo

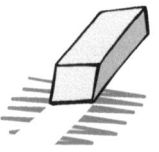

rabhara
gaoma

phede ya ho thala
karne fanaovana sary

go thala
....
sary

borashe ya go penta
....
borosy fandokoana

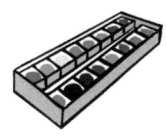

lepokisi la go penta
....
boaty loko

sekero
....
hety

sekgomaretši
....
lakaoly

puku ya go ngwala
....
kahie fampiasàna

mošomo wa gae
....
enti-mody

nomoro
....
tarehi-marika

tlatša
....
manampy

go ntšha
....
manala

go atiša
....
mampitombo

khalekhuleitha
....
mikajy

lengwalo
....
taratasy

alefapete
....
abidia

lentšu
....
teny

mongolo

lahatsoratra

bala

mamaky

tšhoko

tsaoka

thuto

lesona

puku ya maina

boky fianarana

thuto

fanadinana

setifikeite

sertifikà

diaparo tša sekolo

fanamian'ny mpianatra

thuto

fiofanana

encyclopedia

raki-pahalalana

yunibesithi

oniversite

maekrosekoupo

mikraoskaopy

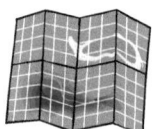

mmapa

sarintany

pasekete ya matlakala a ditšhila

fanariana fako taratasy

eta
fitsangatsanganana

hotele
hôtely
Grand
hosetele
tranom-bahiny
ROOMS
lefelo la go fetola tšhelete
toerana fanakalozana vola
EXCHANGE
sutukheise
valizy
koloi
fiara

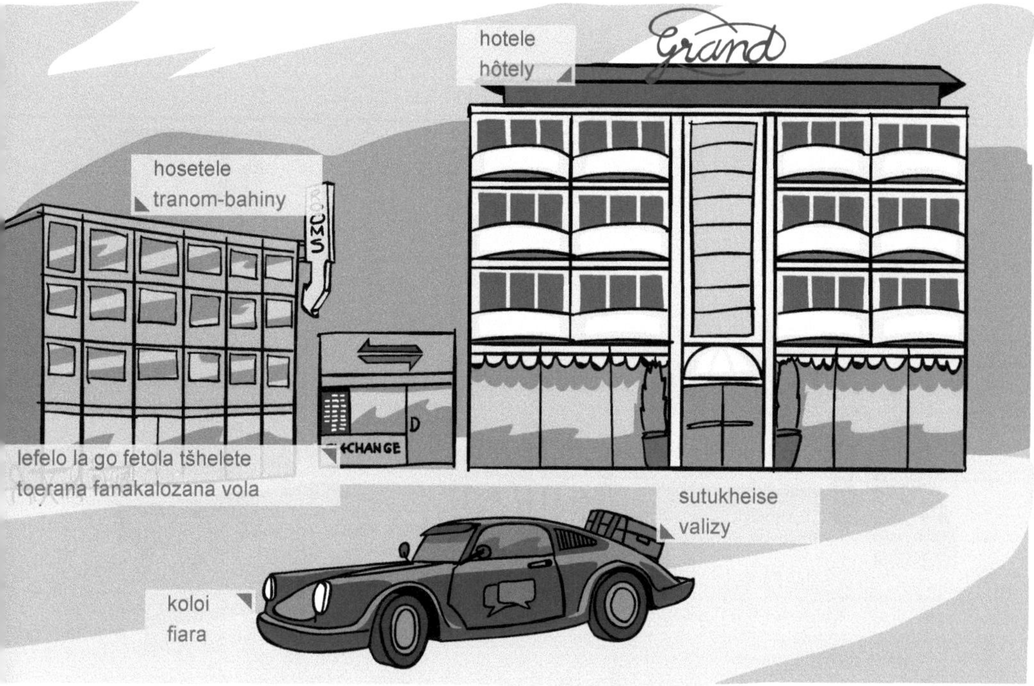

Leleme

fiteny

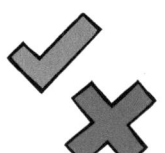

ee / aowa

eny / tsia

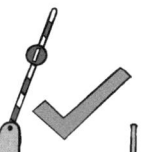

Go lokile

Eny àry

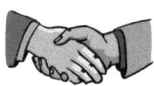

Dumela

salama

mofetoledi

mpandika teny

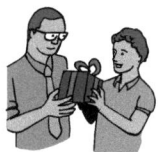

Re a leboga

Misaotra

... ke bokae?

ohatrinona...?

ga ke kwešiše

Tsy azoko izany

bothata

olana

Thobela!

Salama ô!

Meso e mebotse!

Arahaba tra-maraina e!

Robala botse!

Tsara mandry ô!

šala gabotse

veloma

keletšo ya tsela

fitantanana

peke

entan'ny mpandeha

peke

harona

mokotla wa dipuku

kitapo

moeng

vahiny

phapoši

efitrano

pekana ya go robala

fandriana enti-tànana

mokhukhu

tanty

boitsebišo bja moeti

birao miandraikitra ny fizahantany

lewatleng

moron-tsiraka

karata ya mokitlana

fahana amin'ny karatra

dijo tša mesong

sakafo maraina

matena

sakafo atoandro

dijo tša mantšiboa

sakafo hariva

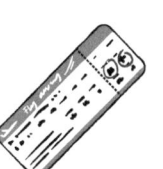

thikethe

tapakila

lifithi

ascenseur

setempe

hajia

border

tany manasaraka

setlwaedi

fadin-tseranana

embassy

ambasady

visa

visa

phasepoto

pasipaoro

senamelwa
fitaterana

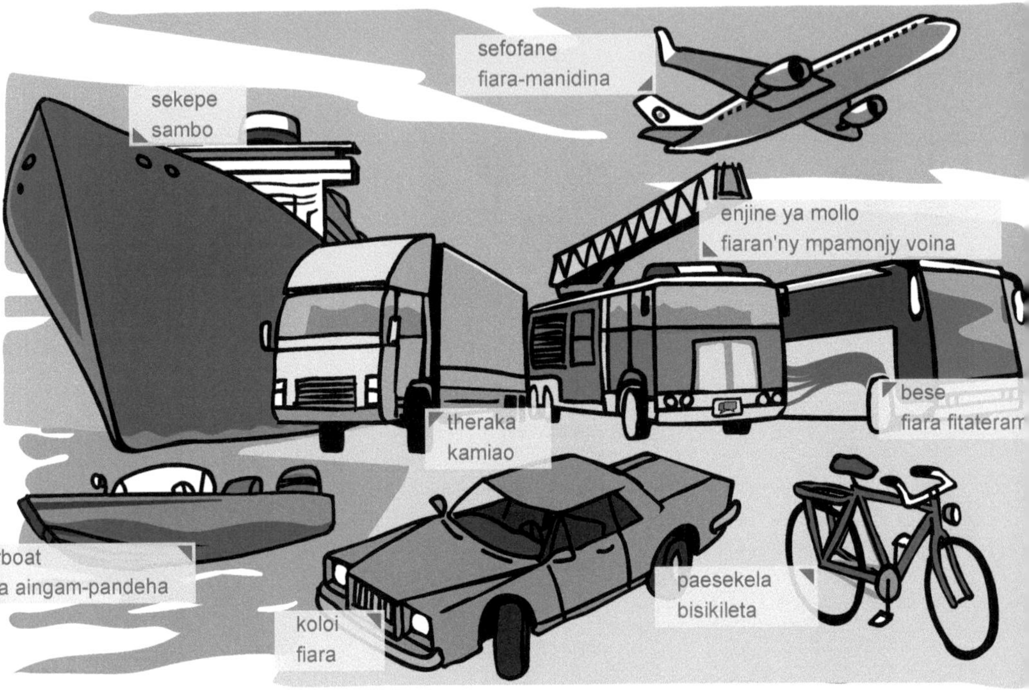

sefofane
fiara-manidina
sekepe
sambo
enjine ya mollo
fiaran'ny mpamonjy voina
bese
fiara fitateram
theraka
kamiao
rboat
a aingam-pandeha
koloi
fiara
paesekela
bisikileta

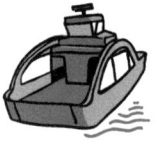

feri
sambobe

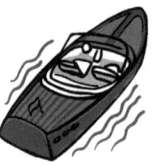

sekepe
sambo

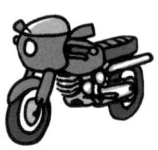

sethuthuthu
môtô

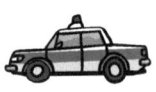

koloi ya maphodisa
fiaran'ny polisy

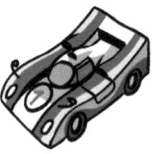

koloi ya go šiašiana
fiara mpihazakazaka

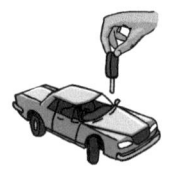

koloi ya go rentišwa
fiara fanofa

go arogana koloi

zara fiara

theraka ya go goga

fiara etsy babeko

theraka ya ditlakala

fiara mpitatitra fako

mmotho

môtera

makhura

solika

seteišene sa makhura

tobin-tsolika

leswao la therafiki

tondro fifamoivoizana

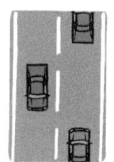

therafiki

fifamoivoizana

therafiki

fitohanan'ny fifamoivoizana

lefelo la go phaka dikoloi

fitobian'ny fiara

seteišene sa terene

fiantsonan'ny fiaran-dalamby

tsela

lalamby

terene

fiaran-dalamby

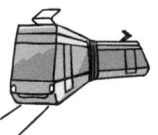

theramo

tramway

koloi

kalesy

sefofane

angidimby

boemafofane

seranam-piaramanidina

serokami

tilikambo

monamedi

mpandeha

seswari

kaontenera

lepokisana

baoritra

khathe

chariot

basket

harona

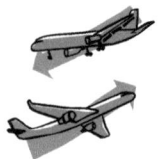

go tloga / go kwatama

miainga / midina

toropo

renivohitra

motse

ambanivohitra

bogareng bja toropo

afovoan-tanàna

ntlo

trano

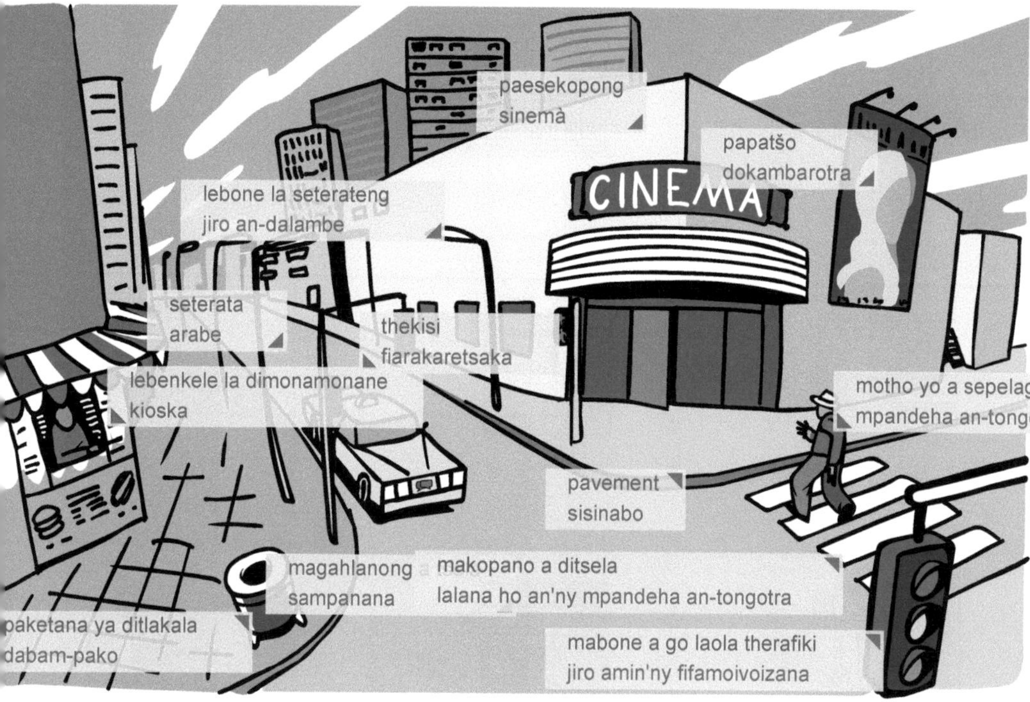

paesekopong
sinemà

papatšo
dokambarotra

lebone la seterateng
jiro an-dalambe

seterata
arabe

thekisi
fiarakaretsaka

lebenkele la dimonamonane
kioska

motho yo a sepelago
mpandeha an-tongo

CINEMA

pavement
sisinabo

magahlanong
sampanana

makopano a ditsela
lalana ho an'ny mpandeha an-tongotra

paketana ya ditlakala
dabam-pako

mabone a go laola therafiki
jiro amin'ny fifamoivoizana

mokutwana
trano bongo

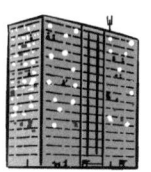

folete
tranobe

seteišene sa terene
fiantsonan'ny fiaran-
dalamby

holo ya toropong
firaisana

museamo
donia

sekolo
sekoly

toropo - renivohitra

yunibesithi

oniversite

panka

banky

sepetlele

hopitaly

hotele

hôtely

lebenkele la dihlare

farmasia

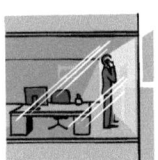

ofisi

birao

lebenkele la dipuku

fivarotam-boky

lebenkele la dijo

fivarotana

lebenkele la matšoba

mpivarotra voninkazo

lebenkele la dihlare

supermarché

mmakete

tsena

lebenkele la dilo tše dintši

tranobe fivarotana

fishmonger's

mpivarotra trondro

lefelo la mabenkele

toeram-pivarotana lehibe

boemakepe

seranana

phaka

valan-javaboary

bench

latabatra

leporogo

tetezana

ditepisi

totohatra

ka tlase

metrô

thanele

tonelina

boemela pese

fiantsonan'ny fiara
mpitondra olona

bar

bara

lebenkele la dijo

toeram-pisakafoanana

lepokisi la poso

boatin-taratasy paositra

leswao la seterata

famantarana an-arabe

mithara wa go phaka koloi

parcmètre

zuu

valan-javaboary

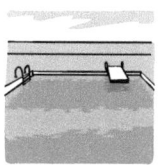

letamo la go rutha

dobo filomanosana

lefelo la mamoseleme

moskea

polasa

toeram-pambolena

tšhilafalo

loto

mabitla

fasana

kereke

trano fiangonana

lefelo la go bapala

tokontany filalaovana

tempele

tempoly

lefelo la dithaba

endritany

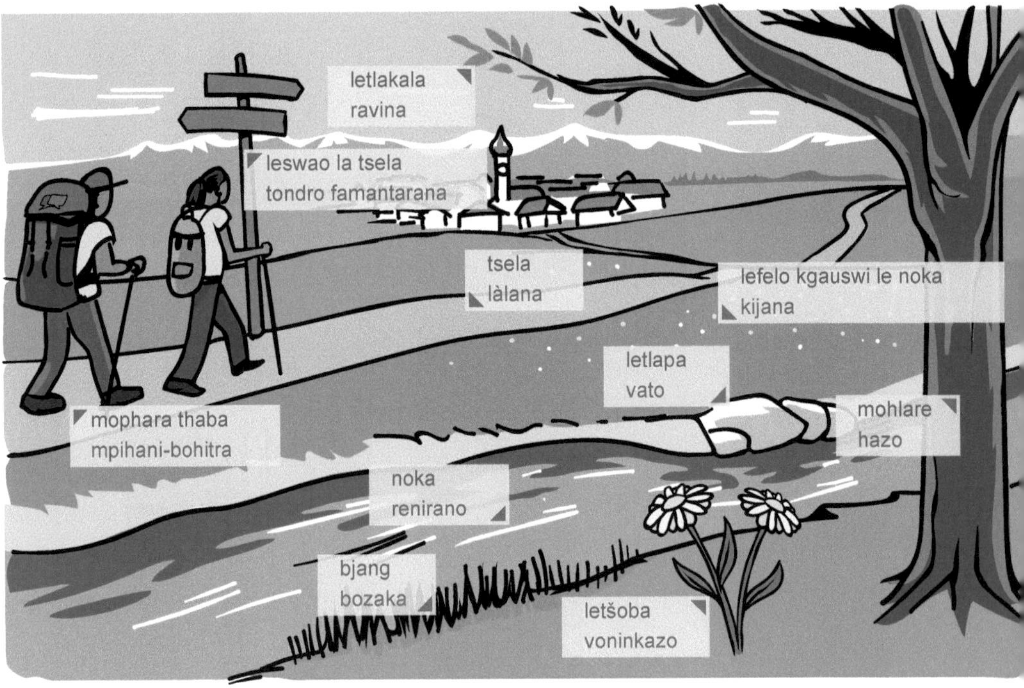

letlakala
ravina

leswao la tsela
tondro famantarana

tsela
làlana

lefelo kgauswi le noka
kijana

letlapa
vato

mophara thaba
mpihani-bohitra

mohlare
hazo

noka
renirano

bjang
bozaka

letšoba
voninkazo

tsela
lemaka

thaba
vohitra

letangwana la meetsi
laka

sethokgwa
ala

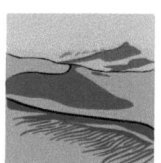

leganata
tany hay

thabamollo
volkano

ntlo e kgolo
rova

molalatladi
avana

mushroom
holatra

palm tree
hazom-boanio

monang
moka

fofa
lalitra

ditšhoŝwane
vitsika

nosi
tantely

segokgo
hala

khunkhwane

voangory

segwagwa

sahona

squirrel

vontsira

noko

trandraka

mmutla

bitro

leribiši

vorondolo

nonyana

vorona

mogolodi

gisabe

kolobe ya naga

lambo

phuthi

cerf

phuthi

voalavo

letamo

toha-drano

wind turbine

helisy ahodin-drivotra

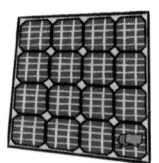

phanele ya solar

takela-masoandro

leratadima

toetr'andro

lebenkele la dijo

toeram-pisakafoanana

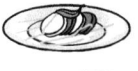

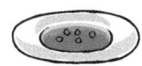

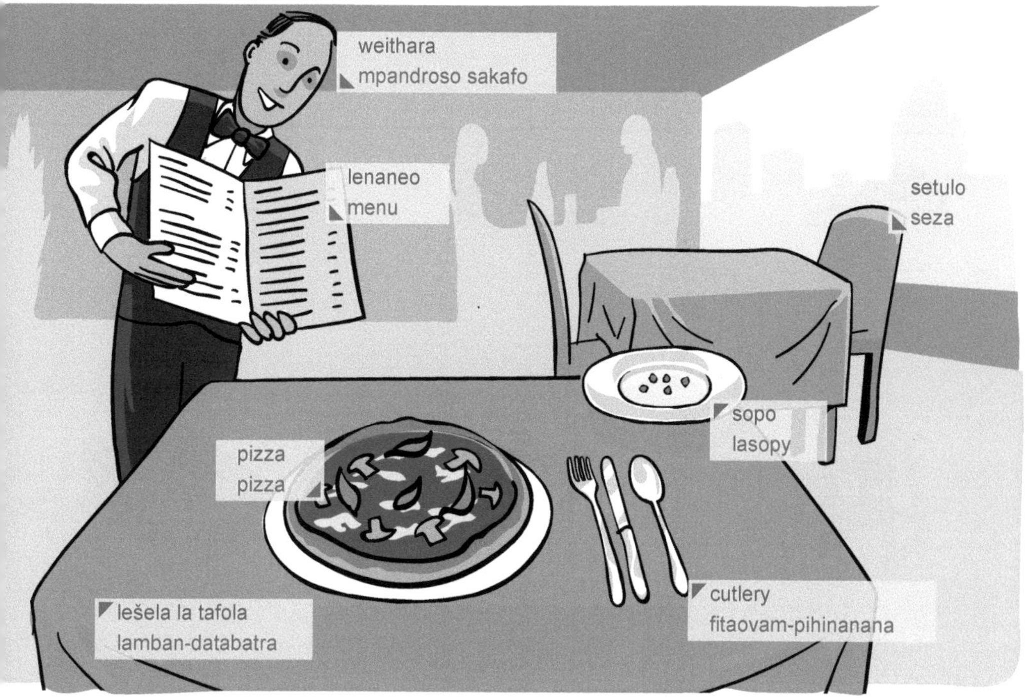
weithara
mpandroso sakafo
lenaneo
menu
setulo
seza
sopo
lasopy
pizza
pizza
lešela la tafola
lamban-databatra
cutlery
fitaovam-pihinanana

dijo tša mathomo

entrée

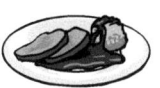

dijo

sakafo fototra

dimonamonane

desera

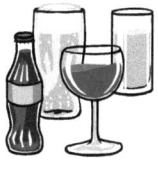

dino

zava-pisotro

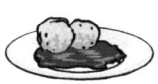

dijo

sakafo

lepotlelo la ngwana

tavoahangy

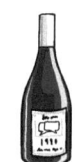

fastfood
fast food

dijo tša seterateng
sakafo an-dalambe

ketlele ya tea
fitoerana dite

poleitana swikiri
fitoeran-tsiramamy

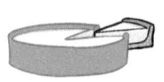

karolo
singany

motšhene wa espresso
milina espresso

setulo sa godimo
seza avo

tefo
faktiora

therei
lovia fandrosoana sakafo

thipa
antsy

foroko
sotrorovitra

lelepola
sotro

lelepola
sotrokely

lešela la go iphomola
servieta

galase
vera

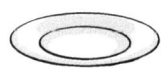

poleite
vilia

poleite ya sopo
vilian-dasopy

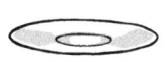

sosara
vilia bory

moroto
saosy

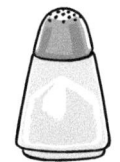

poto ya letswai
fitoeran-tsira

sešila phepha
milina dipoavatra

vinegar
vinaingitra

makhura
solika

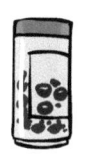

sepaese
zava-manitra

tamatisoso
ketchup

masetete
voan-tsinapy

mayonnaise
maionezy

lebenkele la dihlare

supermarché

dithekišo tša tlase
fihenam-bidy
FOR
moreki
mpividy
dijo tša go ba le maswi
sakafo avy amin'ny ronono
dikenywa
voankazo
teroli
chariot

BUTCHERS

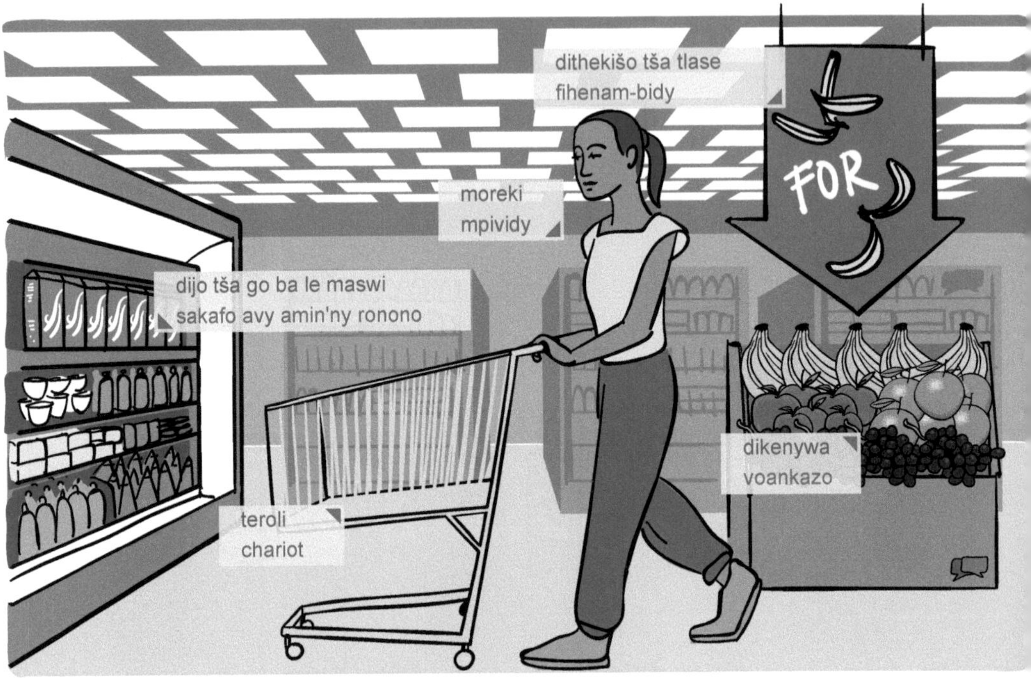

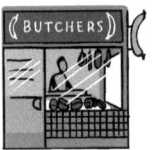

selaga

mpivaro-kena

BAKERY

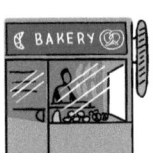

moapei wa dikuku

mpivarotra mofo

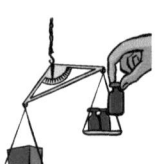

kala

mandanja

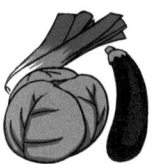

merogo

legioma

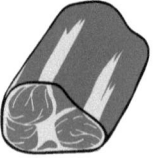

nama

hena

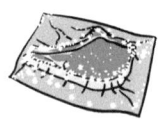

dijo tše gahlišitšwego

sakafo nampangatsiahana

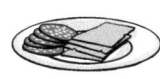

nama ya go tonya

hena voahendy

tinned food

sakafo am-by fotsy

sešepi sa go hlatswa

vovon-tsavony

dimonamonane

vatomamy

dilo tša ka ntlong

fitaovana an-tokatrano

didirišwa tša go hlwekiša

fitaovana fanadiovana

morekiši

mpivarotra

till

toerana fandoavam-bola

morekiši

mpandray vola

lenaneo la tše rekišwago

lisitry ny zavatra vidiana

diiri tša go bula

ora fiasana

sepatšhe

portefeuille

karata ya mokitlana

fahana amin'ny karatra

peke

harona

peke ya polasetiki

harona plastika

meetsi

rano

Juice

ranom-boankazo

maswi

ronono

coke

coca

beine

divay

bhiri

labiera

bjala

toaka

cocoa

sôkôlà mafana

tea

dite

kofi

kafe

espresso

espresso

cappuccino

cappuccino

banana
akondro

apola
paoma

namome
laoranjy

melon
voatango

namone
voasarimakirana

carrot
karaoty

garlic
tongolo gasy

bamboo
volobe

keiye
tongolo

mushroom
holatra

ditokomane
voamaina

noodles
paty

spaghetti

spaghetti

raese

vary

salate

salady

ditšhipisi

ovy frity

matapola a gadikilwego

ovy voaendy

pizza

pizza

hambeka

hamburger

sandwich

sandwich

cutlet

didin-kena

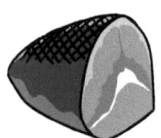

ham

lambo sira

salami

salami

sausage

saosisy

kgogo

akoho

gadika

hena mendy

hlaphi

trondro

bogobe bja oats

varin-tsoavaly

muesli

muesli

cornflakes

cornflakes

folouro

lafarinina

croissant

croissant

dipanse

mofodipaina kely

borotho

mofo

toaster

mofo natono

dipisikiti

bisky

botoro

dobera

curd

fromazy fotsy

kuku

mofomamy

lee

atody

lee le gadikilwego

atody nendasina

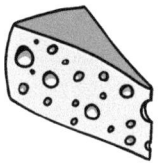

tshese

fromazy

ice cream

lagilasy

swikiri

siramamy

todi ya dinosi

tantely

jeme

kaonfitira

chocolate spread

crème nougat

curry

curry

polasa
toeram-pambolena

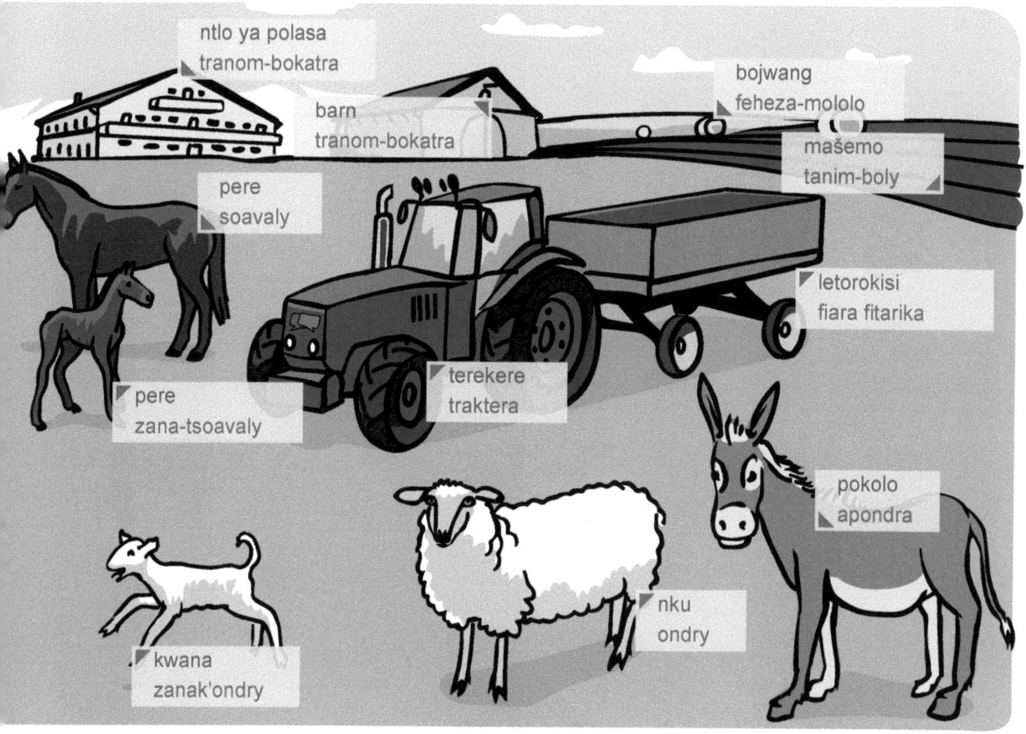

ntlo ya polasa
tranom-bokatra
barn
tranom-bokatra
bojwang
feheza-mololo
mašemo
tanim-boly
pere
soavaly
letorokisi
fiara fitarika
pere
zana-tsoavaly
terekere
traktera
pokolo
apondra
nku
ondry
kwana
zanak'ondry

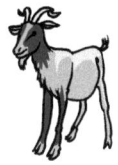

pudi

osy

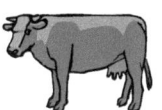

kgomu

omby vavy

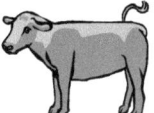

namane

omby

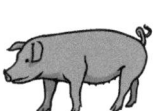

kolobe

kisoa

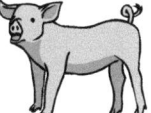

kolobjana

zana-kisoa

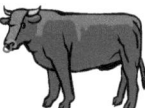

poo

omby

leganse
gisa

leganse
gana

letswienyane
zanak'akoho

kgogo
akoho vavy

mokoko
akoho lahy

legotlo
voalavo

katse
saka

legotlo
voalavo tondro

pholo
omby

mpšha
alika

ntlwana ya mpšha
tranon'alika

lethompo la seratswana
fantsona fanondrahana rano

khene ya meetse
fanondrahana

peke
antsy biloka

megoma ya terekere
angadin'omby

sekele
antsim-bilona

mogoma
antsetra

foroko
farango vy

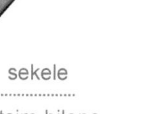

selepe
famaky

kiribai
borety

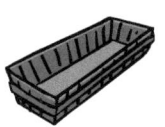

letangwana la meetsi
dababe

khene ya maswi
boatin-dronono

lesaka
harona

fense
fefy

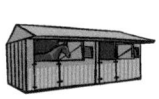

stable
tranom-biby

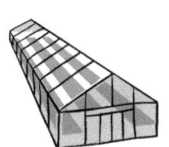

ntlwana ya galase ya dihlare
talatalan-jaridaina

mobu
tany

peu
ambeoka

manyora
zezika

motšhene wa go buna
milina mpijinja vokatra

buna

vokatra

buna

vokatra

tse monate

saonjo

korong

varimbazaha

soy

saozaha

letapola

ovy

korong

katsaka

rapeseed

colza

mohlare wa dikenywa

hazo fihinam-boa

cassava

mangahazo

disereale

voamadinika

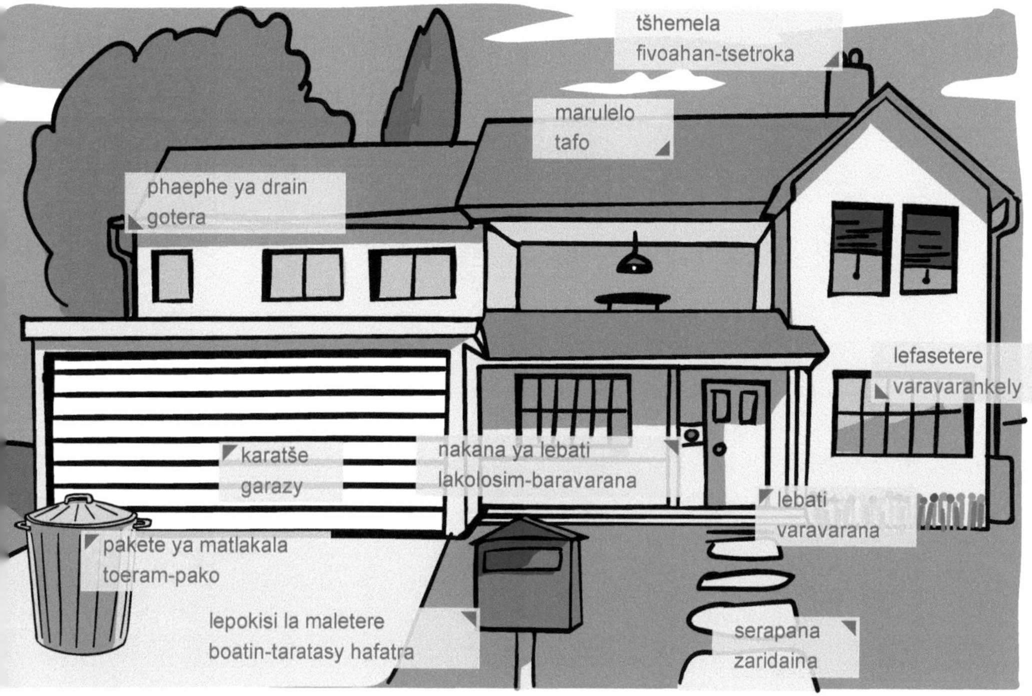

tšhemela
fivoahan-tsetroka

marulelo
tafo

phaephe ya drain
gotera

lefasetere
varavarankely

karatše
garazy

nakana ya lebati
lakolosim-baravarana

lebati
varavarana

pakete ya matlakala
toeram-pako

lepokisi la maletere
boatin-taratasy hafatra

serapana
zaridaina

phapoši ya go dula

efitra fandraisam-bahiny

kamora ya go hlapela

efitra fandroana

boapeelo

lakozia

phapoši ya go robala

efitra fatoriana

phapoši ya bana

efitranon'ny ankizy

lefelo la boiketlo

efi-trano fisakafoanana

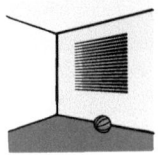

fase
....
tany

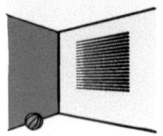

lebota
....
rindrina

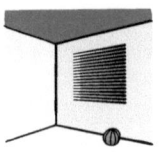

siling
....
valindrihana

cellar
....
lakavy

sauna
....
sauna

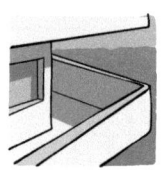

letsikangope
....
tsimahalavo

lelapa
....
lavarangana

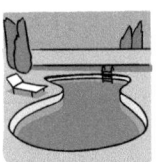

letamo la go rutha
....
dobo filomanosana

motšhene wa go sega bjang
....
mpanapaka bozaka

lešela la go iphomola
....
lambam-pandriana

lešela la mpeto
....
koety

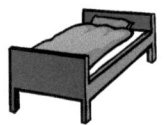

mpeto
....
fandriana

leswielo
....
kifafa

pakete
....
sô

pholaka
....
interrupteur

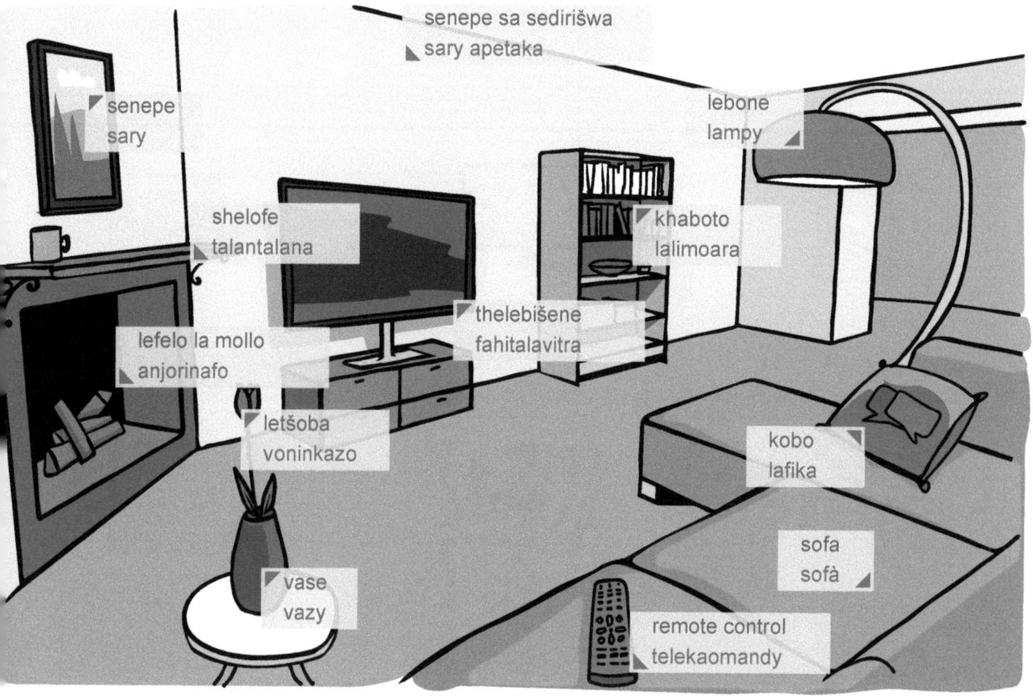

senepe sa sedirišwa
sary apetaka

senepe
sary

lebone
lampy

shelofe
talantalana

khaboto
lalimoara

lefelo la mollo
anjorinafo

thelebišene
fahitalavitra

letšoba
voninkazo

kobo
lafika

sofa
sofà

vase
vazy

remote control
telekaomandy

khaphete
tapis

garetene
takom-baravarana

tafola
latabatra

setulo
seza

rocking chair
seza savily

armchair
seza mihaja

buka

boky

kobo

lamba firakotra

bokgabišo

asa fandravahana

dikota tša mollo

hazo fandrehitra

filimi

horonantsary

sediriswa sa hi-fi

fitaovana hi-fi

senotlelo

fanalahidy

kuranta

gazety

go penta

loko

phouseta

sary famantarana

radio

radio

pukwana ya go ngwala

kahie fanao tadidy

motšhene wa go hlwekiša

aspiratera

mohlašana wa cactus

raketa

kerese

labozia

boapeelo
lakozia

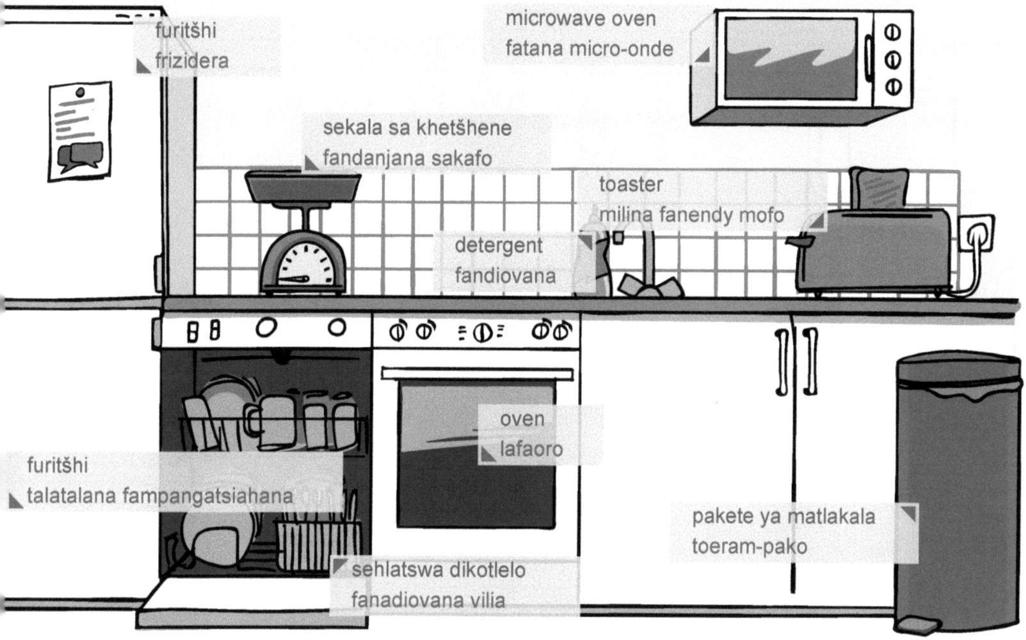
furitšhi
frizidera
microwave oven
fatana micro-onde
sekala sa khetšhene
fandanjana sakafo
toaster
milina fanendy mofo
detergent
fandiovana
oven
lafaoro
furitšhi
talatalana fampangatsiahana
pakete ya matlakala
toeram-pako
sehlatswa dikotlelo
fanadiovana vilia

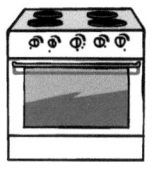

moapei
lafaoro

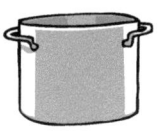

pitšа
vilany

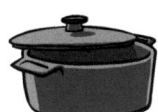

cast-iron pot
vilany vy

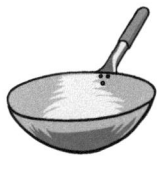

wok / kadai
wok / kadai

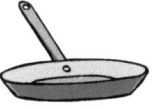

pane
lapoaly

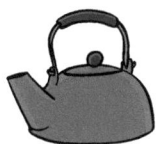

ketlele
fitaovana fampangotrahana rano

steamer

vilany mandeha entona

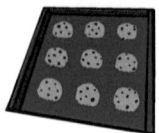

therei ya go paka

lovia fisaka

dikotlelo

fitaovan-dakozia

komiki

zinga

mogopo

vilia baolina

diphathana tša go ja

hazokely fihinanana

lelepola la ladle

sotrobe lavatango

spatula

spatule

whisk

fanakapohana atody

strainer

fanatantavanana

sefo

lovia sivana

kereitara

fanakikisana

mortar

laona

barbecue

kiendiendy

thuntšha

fivoahan'ny setroka

boto ya dijo

akalana fitetehana

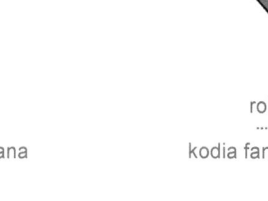

rolling pin

kodia fandamàna koba

sebula lepotlelo

fisontonana bosoa

khene

boaty

sebula khene

fanokafana boaty

seswara dipoto

fitazomana vilany

sinki

lavabô

borashe

borosy

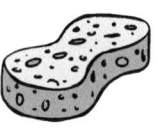

sepontše

spaonjy

sehlakanyi

miksera

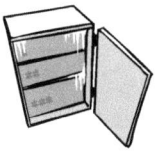

freezer

fitaovana fampangatsiahana

lepotlelo la ngwana

tavoahanginono

pompi

paompy

kamora ya go hlapela

efitra fandroana

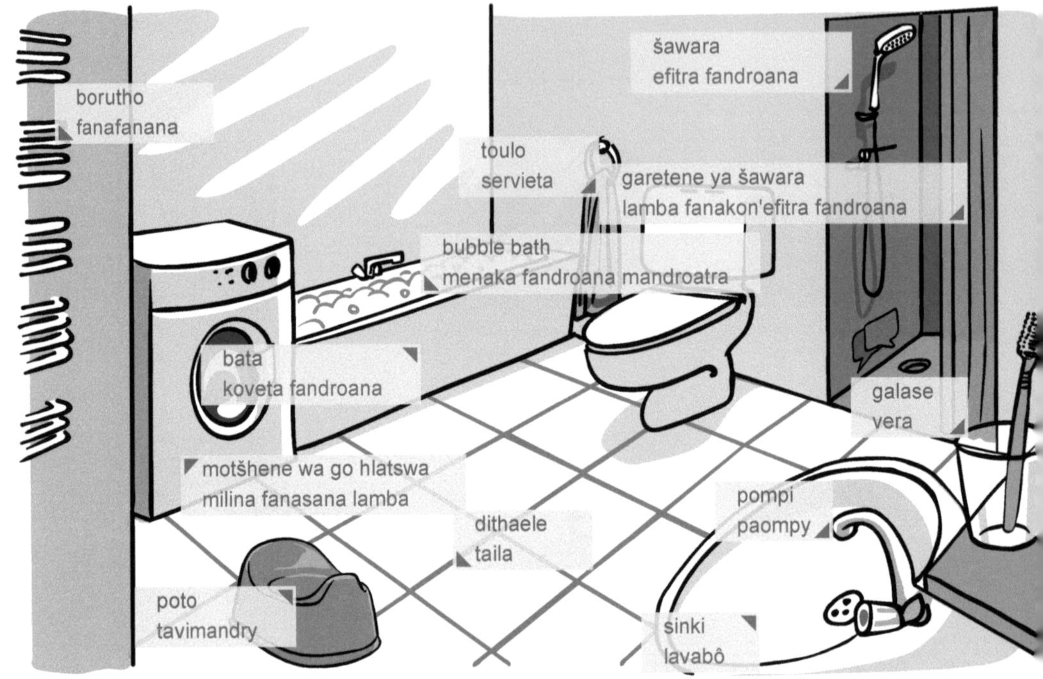

borutho
fanafanana
šawara
efitra fandroana
toulo
servieta
garetene ya šawara
lamba fanakon'efitra fandroana
bubble bath
menaka fandroana mandroatra
bata
koveta fandroana
galase
vera
motšhene wa go hlatswa
milina fanasana lamba
pompi
paompy
dithaele
taila
poto
tavimandry
sinki
lavabô

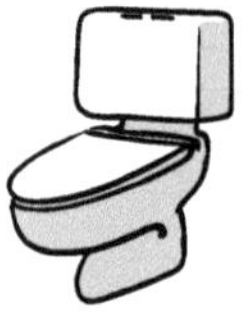

ntlwana

efitrano fidiovana

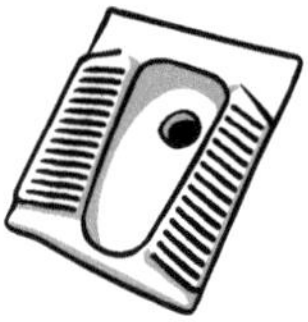

ntlwana ya ho tshorama

kabone mitsingo

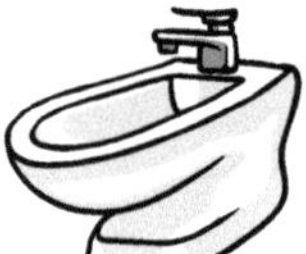

bidet

bidet

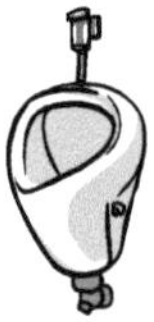

moroto

fipipizana

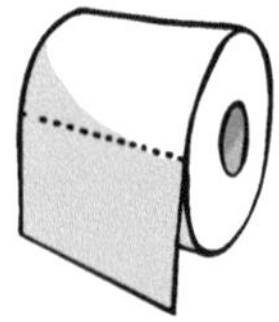

pampiri ya ntlwana

taratasy fidiovana

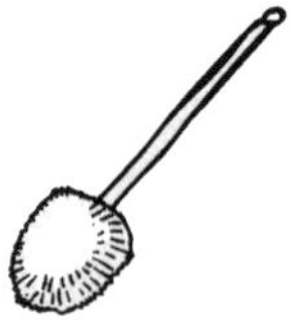

borаše ya ntlwana

borosy fampiasa an-kabone

boraše ya ho hlapa meno

borosinify

sešepi sa meno

famotsia-nify

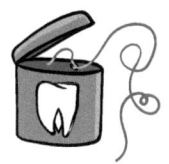

floss ya meno

kofehy fanadiova-nify

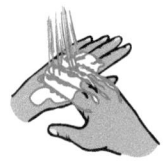

hlatswa

manasa

shawara ya go swarwa ka matsogo

fisaika enti-tànana

douche

fanadiovana fivaviana

basin

kovetabe

back brush

borosin-damosina

sešepi

savony

sešepi sa ka šawareng

el fampiasa rehefa misaika

shampoo

shampoo

folene

fonon-tànana enti-misaika

drain

tsiranoka

sa go tlola

crème fanosotra

senkgiša bose

fanalana fofona

seipone

fitaratra

sepili se senyenyane

fitaratra fihaingo

legare

hareza

shaving foam

raotra fiharatra

aftershave

menaka haratra

kamo

fiogo

boraše

borosy

derayara ya moriri

fitaovana fanamainam-bolo

setlola sa moriri

atsifotra amin'ny volo

makeup

fikarakarana tarehy

setlola sa molomo

lokomena

varnish ya manala

haingo hoho

wulu

vohavohan-dandihazo

sekero sa dinala

fanapahana hoho

phefumo

ranomanitra

pekana ya tša go hlapa

fitoerana fitaovana an-kabone

setulo

sezabory

sekala

fandanjana olona

toulwana ya go hlapa

akanjo enti-matory

ditlelafo tša rabara

fonon-tànana enti-manadio

tampon

servieta fanary

toulo ya go phumula matsogo

lamba fampiasa amin'ny fadimbolana

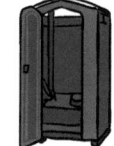

ntlwana ya dikhemikhale

kabone simika

phapoši ya bana
efitranon'ny ankizy

watšhe ya alamo
famohamandry
mpopi
saribakoly
koloi ya go bapadiša
fiara kilalao
rattle ya bana
korintsana
ntlo ya mepopi
tranon-tsaribakoly
present
fanomezana

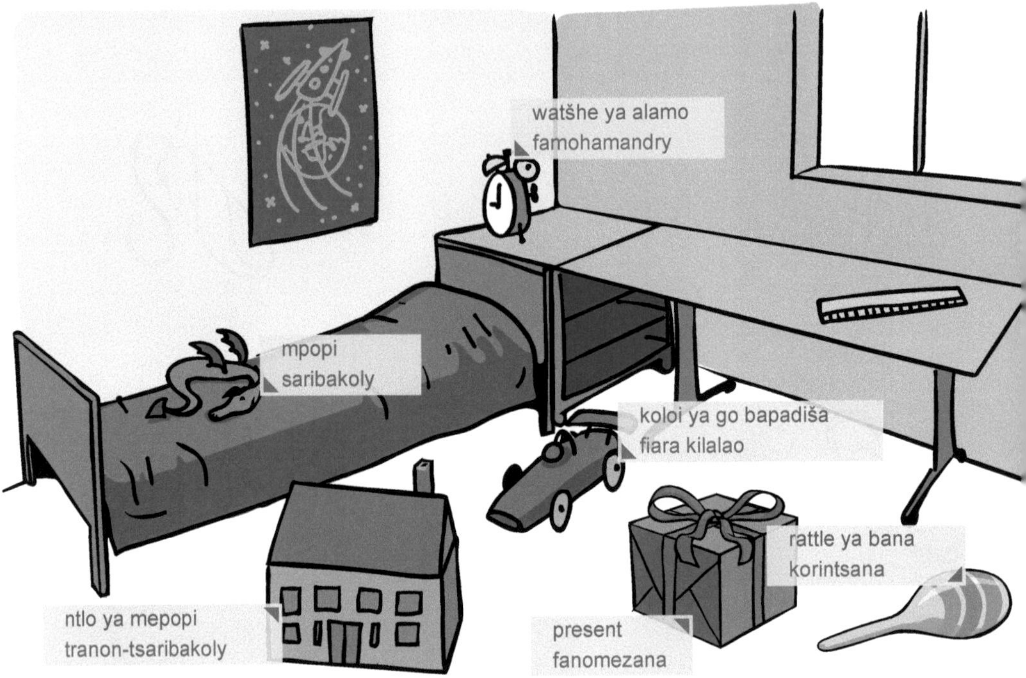

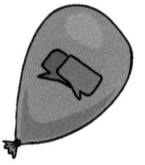

baluni
balaonina

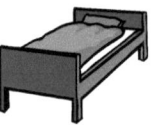

mpeto
fandriana

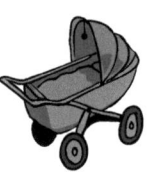

phorema
posety

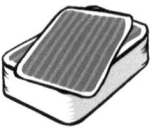

dikarata
lalao karatra

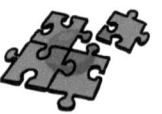

papadi ya jigsaw
puzzle

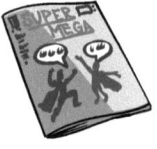

metlae
sariitatra

papadi ya lego bricks

lalao legô

papadi ya building blocks

kilalao fananganana trano

action figure

sarivongana kely

go gola ga ngwana

grenera

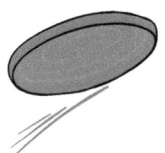

papadi ya Frisbee

Frisbee

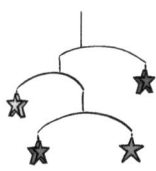

mobile

mobile

papadi ya boto

jeu de société

letaese

kodiakely

model train set

lamasinina kely

tami

solonono

phathi

fety

puku ya dinepe

boky feno sary

kgwele

baolina

mpopi

saribakoly

bapala

milalao

sandpit

kovetam-pasika

swing

savily

tša go bapadiša

kilalao

sedirišwa sa dipapadi tša
bidio

kilalao video

paesekele ya bana

tricycle

teddy bear

teddy orsa

oteropo

fitoeran'akanjo

diaparo

akanjo

masokisi

bà kiraro

masokisi

bàn-tongotra

pentihouso

akanjo manara-batana

sekhafo
foloara

lepanta
fehin-kibo

amporela
elo

sekhipha
t-shirt

diteki
kiraro tenisy

diputsu
baoty

deselephara
kapa fitondra an-trano

ramphešane
kapa

dieta
kiraro

diputsu tša rabara
baoty fingotra

borokgwana bja ka fase
atinakanjo

seaparo sa bra
tatinono

besete
akanjo feno

diaparo - akanjo

45

mmele
....
vatana

marokgo
....
pataloha

pokathe
....
jean

sekhethe
....
zipo

seaparo sa blouse
....
akanjo ambony

hempe
....
lobaka

jase
....
pull

jase
....
akanjo sarotro

seaparo sa blazer
....
palitao

baki
....
palitao

jase
....
palitao

jase ya pula
....
akanjo aro-orana

khosetumo
....
akanjo fianjaika

roko
....
fitafim-behivavy

lešira
....
akanjon'ny ampakarina

sutu

akanjo fianjaika

seaparo sa go robala

akanjo-mandry

dipejama

pijamà

sari

sari

sekafo

sarondoha

turban

turban

seaparo sa burqa

burqa

roko ya kaftan

kaftan

abaya

abaya

seaparo sa go rutha

akanjo fitondra milomano

diteranka

akanjo fitondra milomano

marukgwana a manyenyane

pataloha fohy

terekesutu

akanjo fitena

apron

tablie

ditlelafo

fonon-tànana

konope

bokotra

digalase

solomaso

boreiselete

brasele

nekeleise

rojo

palamonwana

peratra

lengena

kavina

kepisi

satroka

hengere ya jase

fanantonana palitao

kefa

satroka

thai

fehivozo

zip

hidikorisa

helmete

aroloha

braces

beritelo

diaparo tša sekolo

fanamian'ny mpianatra

unifomo

fanamiana

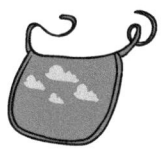

seaparo sa bib

bavoara

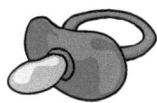

tami

solonono

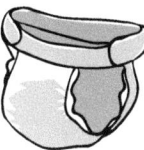

mongato

taty

ofisi
birao

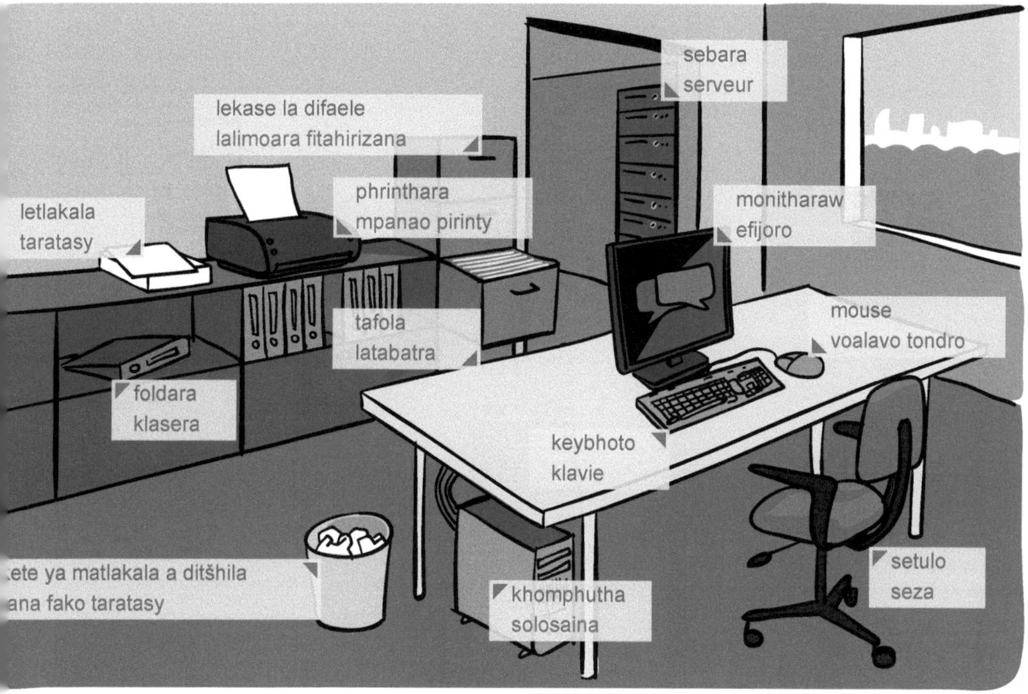

sebara
serveur
lekase la difaele
lalimoara fitahirizana
phrinthara
mpanao pirinty
letlakala
taratasy
monitharaw
efijoro
mouse
voalavo tondro
tafola
latabatra
foldara
klasera
keybhoto
klavie
ete ya matlakala a ditšhila
ana fako taratasy
khomphutha
solosaina
setulo
seza

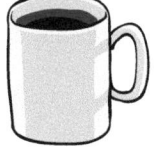

komiki ya kofi

kaopin-kafe

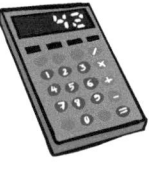

khalekhuleitha

mpikajy

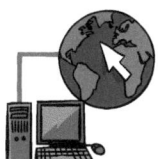

inthanete

aterineto

laptop

solosaina maivana

lengwalo

taratasy

molaetša

hafatra

mogalathekeng

mobile

netweke

tambajotra

motšhene wa go photokhopa

imprimante

software

rindrambaiko

mogala

finday

pholaka ya sokete

prizy

motšhine wa go fekesa

fax

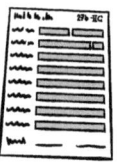

fomo

efitra fenoina

dipampiri

fehezan-taratasy

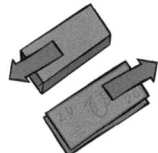

reka
....
mividy

lefa
....
mandoa vola

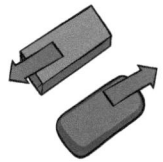

rekiša
....
misera

tšhelete
....
vola

dollar
....
dôlara

euro
....
euro

yen
....
yen

 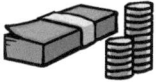

rouble
....
rouble

Swiss franc
....
Franc suisse

renminbi yuan
....
renminbi yuan

rupee
....
roupie

lefelo la go ntšha tšhelete
....
fangalàna vola

lefelo la go fetola tšhelete

toerana fanakalozana vola

gauta

volamena

silifera

volafotsy

oil

solika

matla

angovo

poraese

vidiny

konteraka

fifanekena

motšhelo

hetra

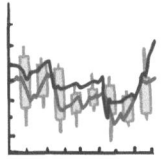

setokho

action borsa

mošomo

miasa

mošomi

mpiasa

mothwadi

mpampiasa

feketori

orinasa

lebenkele la dijo

fivarotana

lephodisa
mpitandro filaminana

setimamollo
mpamonjy voina

apea
mahandro

ngaka
dokotera

mofofiši wa difofane
mpanamory

mohlokomedi wa dirapana

mpikarakara zaridaina

mmetli

mpandrafitra

moroki

vehivavy mpanjaitra

moahlodi

mpitsara

khemise

mpahay simia

mmapadi

mpilalao sarimihetsika

mootledi wa pase

mpamily fiara fitateram-
bahoaka

mootledi wa thekisi

mpamily fiarakaretsaka

moswara dihlapi

mpanjono

mosadi wa go hlwekiša

vehivavy mpanadio

molokiša marulelo

mpanao tafo

weithara

mpandroso sakafo

motsomi

mpihaza

motho wa go penta

mpandoko

mopaki

mpanao mofo

electrician

elektrisianina

moagi

mpanao trano

moenjeneare

injeniera

selaga

mivaro-kena

polambara

plombier

mosepediši wa poso

faktera

mohlabani

miaramila

mothadi wa dintlo

mpanao mari-trano

morekiši

mpandray vola

molemi wa matšoba

mpivarotra voninkazo

mologi wa moriri

mpanao volo

molaodi

mpizara tapakila

mekhenikhe

mpahay mekanika

mokapotene

kapiteny

ngaka ya meno

mpitsabo nify

rathutamahlale

siantifika

moruti

raby

moetapele wa dithapelo

imam

monk

moanina

moruti

pretra

didirišwa
fitaovana

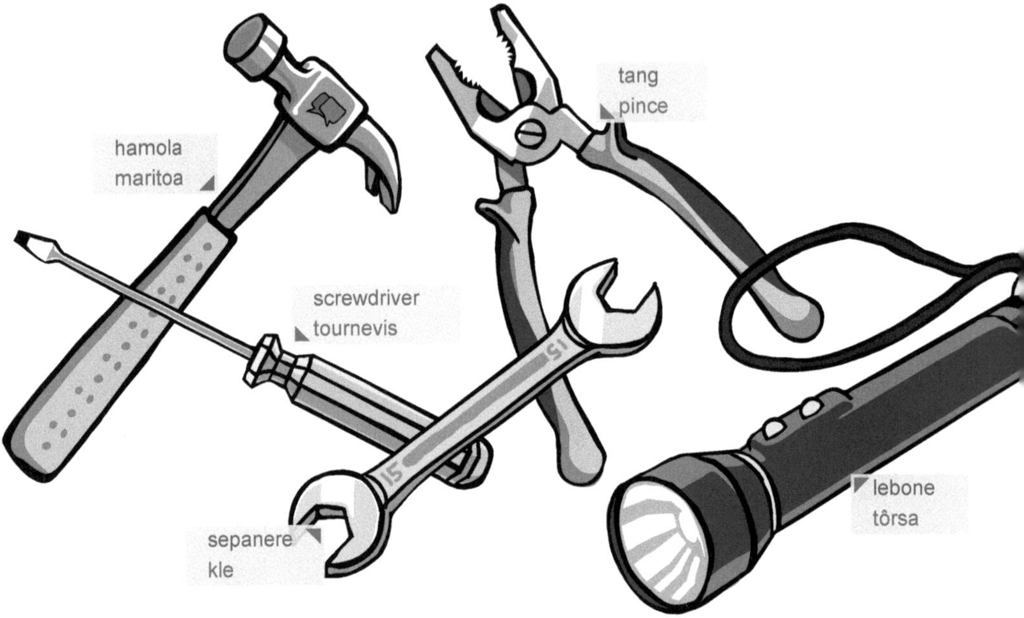
hamola
maritoa
tang
pince
screwdriver
tournevis
sepanere
kle
lebone
tôrsa

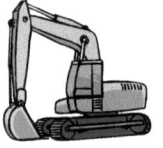

seepi

pelleteuse

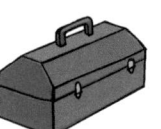

lepokisi la dithulusi

boaty fanisy fitaovana

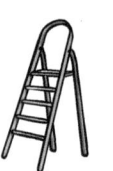

llere

tohatra

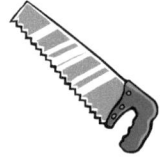

saga

tsofa

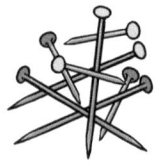

dipikiri

fantsika

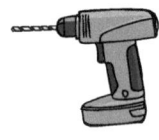

sebori

perceuse

lokiša
....
manarina

garafo
....
lapela

ijoo!
....
Kyy!

seolela matlakala
....
angadim-pako

pitša ya pente
....
boatin-doko

sekurufu
....
visy

didirišwa tša mmino
zava-maneno

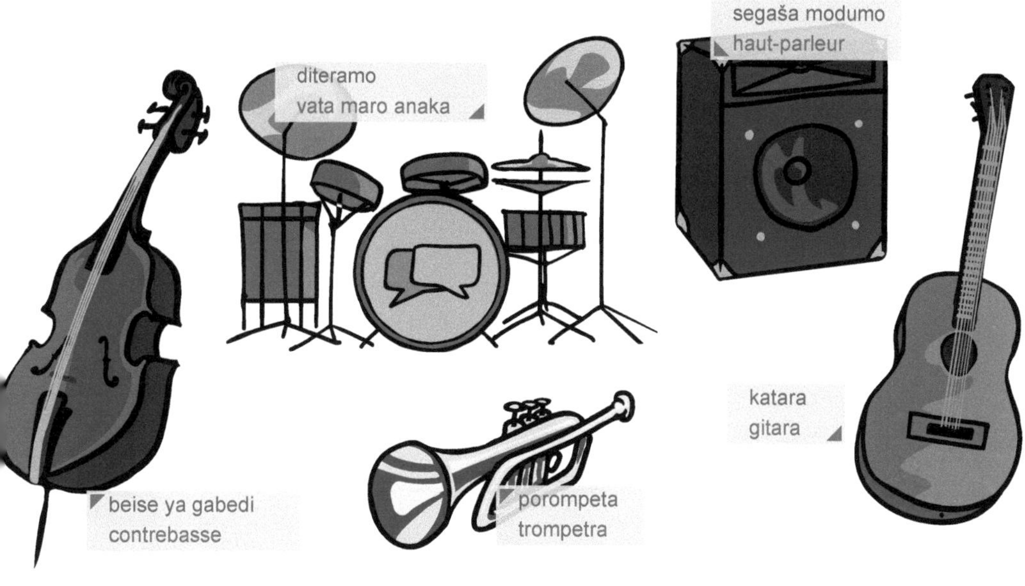

diteramo
vata maro anaka

segaša modumo
haut-parleur

katara
gitara

beise ya gabedi
contrebasse

porompeta
trompetra

piano

vata maro afitsoka

violin

lokanga

beise

basse

timpani

amponga timpani

diteramo

aponga

keybhoto

klavie

saxophone

saksa

phala

sodina

mmaekrofouno

mikrao

tsela ya go tsena
fidirana

lengau
tigra

legaga
tranon-gadra

pitse
zebra

dijo tša diphoofolo
sakafom-biby

bere
pandà

diphoofolo
biby

tlou
elefanta

kangaroo
kangoroa

tšhukudu
rinôserôsy

gorilla
gôrila

bere
orsa

kamela

rameva

mpše

aotrisy

tau

liona

tšhwene

rajako

nonyana ya flamingo

sama

nonyana ya parrot

boloky

bere ya polar

orsa polera

penguin

pengoa

shark

atsantsa

phikoko

vorombola

noga

bibilava

kwena

voay

mohlokomedi wa di zoo

mpiandry valan-javaboary

sili

fôko

jaquar

jagoara

pokolo

poney

lepogo

leopara

hippo

hipôpôtamo

thutlwa

zirafa

lenong

voromahery

kolobe ya naga

lambo

hlaphi

trondro

khudu

sokatra

walrus

môrsa

phiri

renard

phuthi

gazely

kgwele ya Amerika
Football amerikana

go reila paesekela
hazakazaka am-bisikileta

thenese
tennis

basketball
baskety

go rutha
lomano

hockey ya lehlweng
hockey an-dranomandry

ntwa ya matswele
boxe

kgwele ya maoto
baolina kitra

badminton
badminton

bakitimi
atletisma

polo ya matsogo
handball

skiing
ski

polo
polo

boga
tsambikina

sega
mihomehy

gokara
mamihina

sepela
mandeha

opela
mihira

lora
manonofy

rapela
mivavaka

atla
manoroka

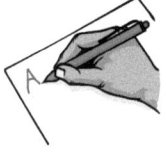

ngwala

manoratra

thala

manao sary

bontšha

maneho

kgorometša

manosika

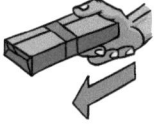

efa

manome

tšea

mandray

e ba le
manana

dira
manao

eba
mizovy

ema
mijoro

kitima
mihazakazaka

goga
misintona

lahlela
manary

e wa
lavo

maaka
mandry

emanyana
miandry

rwala
mitondra

dula
mipetraka

go apara
miakanjo

robala
matory

tsoga
mifoha

lebelela

mijery

lla

mitomany

seterouko

fahatapahan'ny lalan-dra

kamo

fiogo

bolela

miresaka

kwešiša

mahay

botšiša

milaza

theetša

mihaino

e nwa

misotro

eja

mihinana

hlwekiša

mandamina

lerato

mitia

apea

mahandro

otlela

mamily

fofa

lalitra

sesa

miandriaka

khalekhuleitha

mikajy

bala

mamaky

ithute

mianatra

mošomo

miasa

nyala

mivady

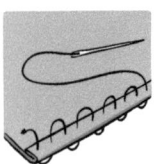

roka

manjaitra

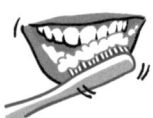

hlapa meno

miborosy nify

bolaya

mamono

kgoga

mifoka

romela

mandefa

lelapa
fianakaviana

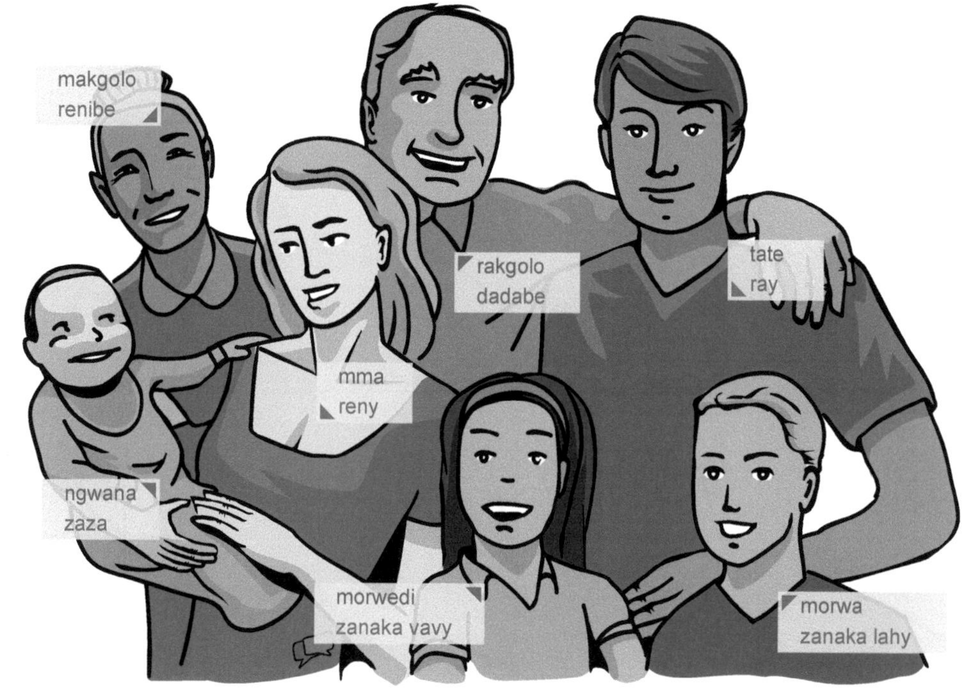
makgolo
renibe
rakgolo
dadabe
tate
ray
mma
reny
ngwana
zaza
morwedi
zanaka vavy
morwa
zanaka lahy

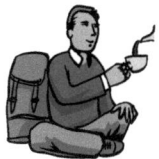

moeng

vahiny

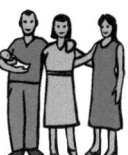

rakgadi

nenitoa

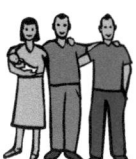

malome

dadatoa

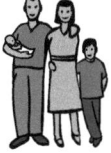

abuti

rahalahy

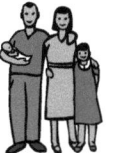

sesi

rahavavy

mmele
vatana

phatla
handrina
leihlo
maso
magetla
soroka
monwana
rantsan-tànana
sefahlego
tarehy
seledu
saoka
seatla
tànana
leoto
ranjo
letswele
nono
letsogo
sandry

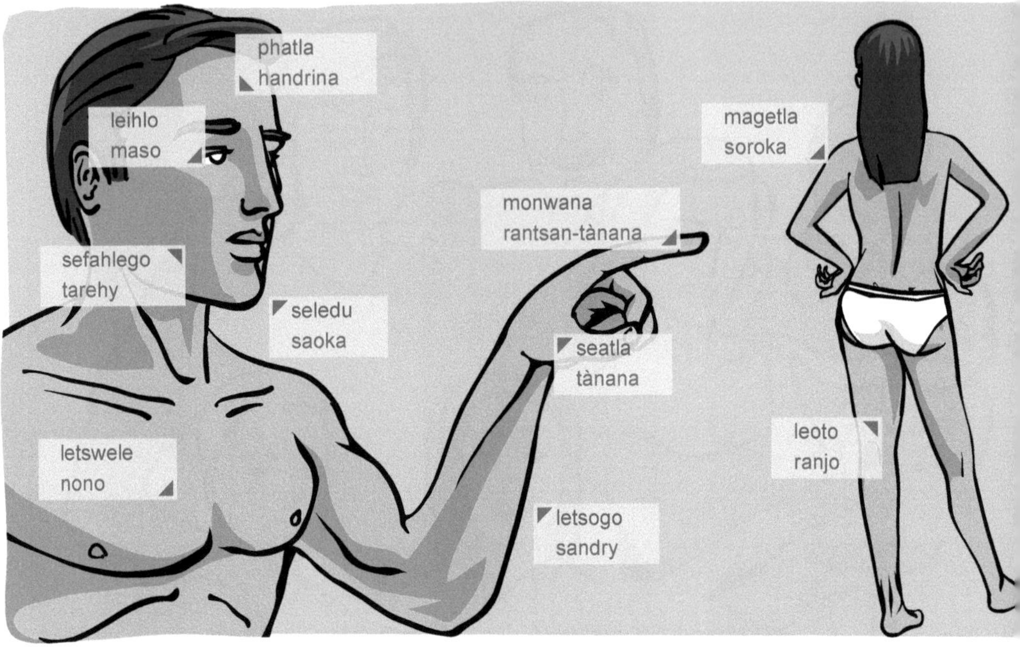

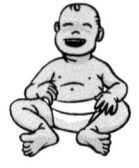

ngwana
zaza

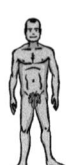

monna
lehilahy

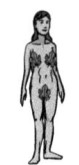

mosadi
vehivavy

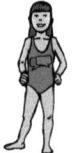

kgarebe
vavy

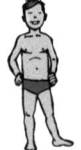

mošemane
lahy

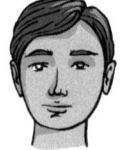

hlogo
loha

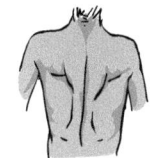

morago

lamosina

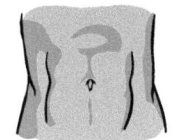

mokhaba

kibo

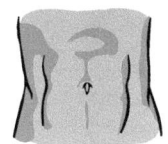

mokhubu

foitra

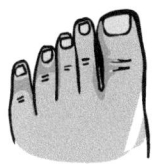

monwana

rantsan-tongotra

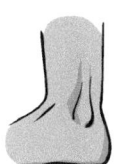

tlhako

voditongotra

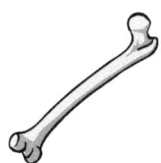

lerapo

taolana

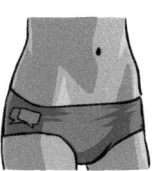

matheka

valahana

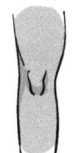

leoto

lohalika

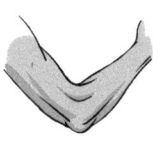

khuru

kiho

nko

orona

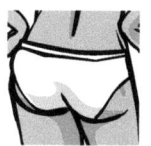

tlase

vody

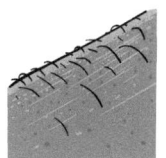

letlalo

hoditra

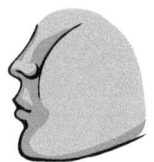

lerama

takolaka

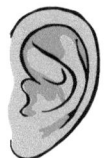

tsebe

sofina

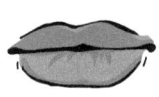

molomo

molotra

mmele - vatana

molomo

vava

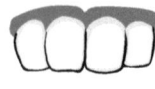

leino

nify

Leleme

lela

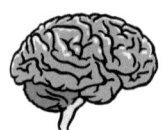

bjoko

saina

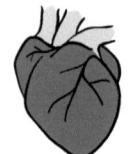

pelo

fo

segoba

ozatra

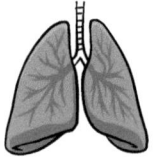

maswafo

havokavoka

sebete

aty

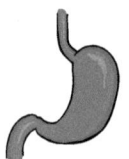

mala

vavony

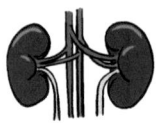

diphsio

voa

thobalano

firaisana ara-nofo

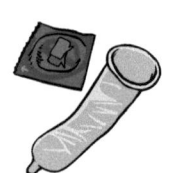

condom

fimailo

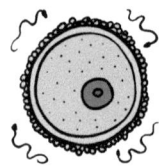

Ovum

tsirivavy

matshedi

ranonaina

go ima

vohoka

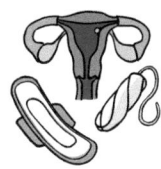

go bona kgwedi

fadimbolana

setho sa bosadi

fivaviana

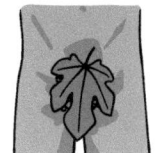

setho sa bonna

filahiana

dintši

volomaso

moriri

volo

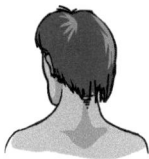

molala

tenda

sepetlele
hopitaly

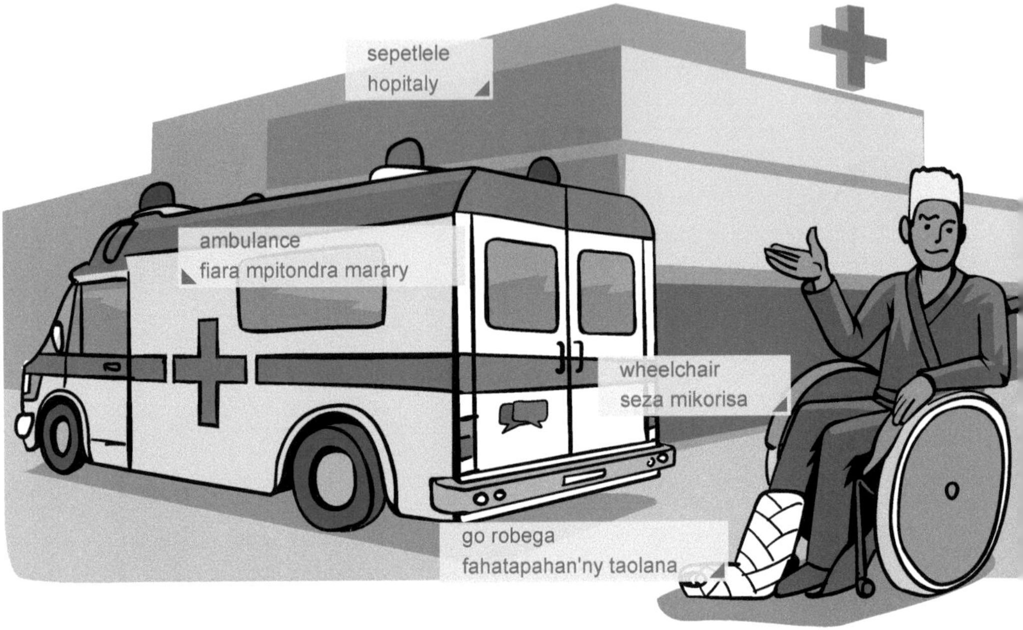

sepetlele
hopitaly
ambulance
fiara mpitondra marary
wheelchair
seza mikorisa
go robega
fahatapahan'ny taolana

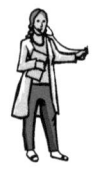

ngaka

dokotera

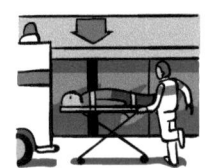

phapoši ya tša tšhoganetšo

efitra vonjy taitra

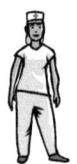

mooki

mpitsabo mpanampy

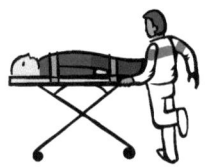

tšhoganetšo

vonjy taitra

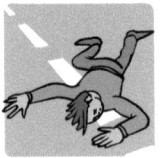

go idibala

tsy mahatsiaro tena

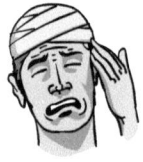

bohloko

fanaintainana

go gobala

faharatràna

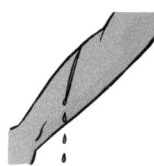

go tšwa madi

mandeha rà

bolwetši bja pelo

aretim-po

setorouko

fahatapahan'ny lalan-dra

ge mmele o ganana le dijo

tsy fahazakana sakafo

go gohlola

kohaka

go gohlola

tazo

sehuba

gripa

letšhollo

fivalanana

go opa ke hlogo

aretin'an-doha

kankere

homamiadana

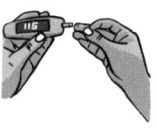

swikiri

diabeta

mmui

dokotera mpandidy

thipa ya scalpel

antsy fandidiana

go bulwa

fandidiana

CT

TC

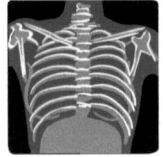

x-ray

taratra X

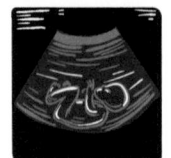

ultrasound

ekôgrafia

sethiba sefahlego

saron-tava

bolwetši

aretina

phapoši ya go leta

efitrano fiandrasana

lehlotlo

tehina

sedirišwa sa plaster

taha fery

lešela la ntho

bandy

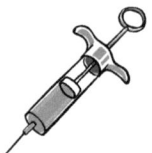

nalete

tsindrona

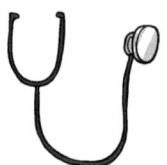

sthehosekoupo

stetoskopy

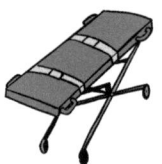

seteretšhara

filanjana marary

themoketha ya kgathelelo

fitaovana fitsapana
hafanana

go belebga

fahaterahana

mmele o mogolo

hatavezana tafahoatra

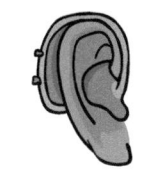

sethuša ditsebe

fitaovana fandrenesana

disinfectant

famonoana mikraoba

twatši

fifindràna aretina

baerase

viriosy

HIV / AIDS

VIH / SIDA

dihlare

fitsaboana

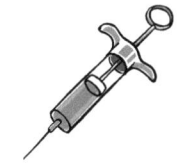

tlhabelo ya go thibela malwetši

vaksiny

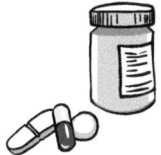

dipilisi

pilina

pilisi

pilina

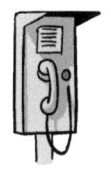

mogala wa tšhoganetšo

antso vonjy taitra

sehlahlobi sa pelo

fitaovana fitsapana tosi-drà

go babja / phetše gabotse

marary / salama

Thušo!

Vonjeo!

alamo

antso fanairana

go tšhošetšwa

herisetra

tlhaselo

vono

kotsi

loza

go tšwa ka tšhoganetšo

fivoahana raha misy loza

Mollo!

Afo!

setimamollo

fitaovam-pamonoana afo

kotsi

loza

first-aid kit

fitaovam-pitsaboana
vonjimaika

SOS

SOS

maphodisa

pôlisy

Yuropa

Eoropa

Amerika Bodikela

Amerika avaratra

Amerika Borwa

Amerika atsimo

Afrika

Afrika

Asia

Azia

Australia

Aostralia

Atlantic

Atlantika

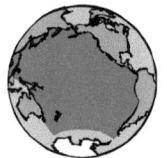

Pacific

Pasifika

Lewatle la India

Ranomasimbe Indiana

Lewatle la Antarctic

Oseana Antarktika

Lewatle la Arctic

Oseana Arktika

North Pole

Tendrotany avaratra

South Pole

Tendrotany atsimo

Antarctica

Antarktika

Lefase

tany

naga

tany

noka

ranomasina

island

nosy

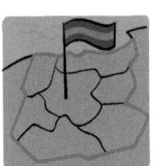

naga

tanindrazana

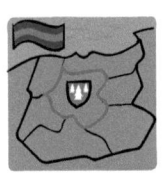

state

firenena

sešupanako sa dinomoro

tavam-pamantaranandro

diiri tša sešupanako

tondro ora

metsotso ya sešupanako

tondro minitra

metsotswana ya
sešupanako
tondro segondra

Ke nako mang?

Amin'ny firy izao?

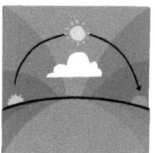

letšatši

andro

nako

fotoana

gona bjale

izao

sešupanako sa dinomoro

famantaranandro niomerika

metsotso

minitra

iri

ora

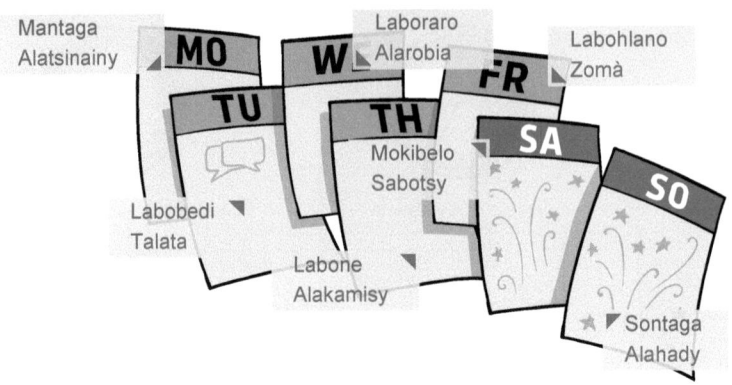

Mantaga / Alatsinainy — MO
W — Laboraro / Alarobia
FR — Labohlano / Zomà
TU
TH — Mokibelo / Sabotsy
SA
SO
Labobedi / Talata
Labone / Alakamisy
Sontaga / Alahady

maobane

omaly

lehono

androany

ka moswana

ampitso

mesong

maraina

Thapama

atoandro

mantšiboa

hariva

MO	TU	WE	TH	FR	SA	SU
1	2	3	4	5	6	7
8	9	10	11	12	13	14
15	16	17	18	19	20	21
22	23	24	25	26	27	28
29	30	31	1	2	3	4

matšatši a kgwebo

adro fiasàna

MO	TU	WE	TH	FR	SA	SU
1	2	3	4	5	6	7
8	9	10	11	12	13	14
15	16	17	18	19	20	21
22	23	24	25	26	27	28
29	30	31	1	2	3	4

mafelobeke

faran'ny herinandro

ngwaga
taona

pula
orana
molalatladi
avana
phefo
rivotra
lehlwa
ranomandry
seruthwane
lohataona
lehlabula
fararano
selemo
vanin-taona maina
marega
ririnina

4.APRIL 11°
5.APRIL 4°
6.APRIL 13°
7.APRIL 8°
8.APRIL 10°

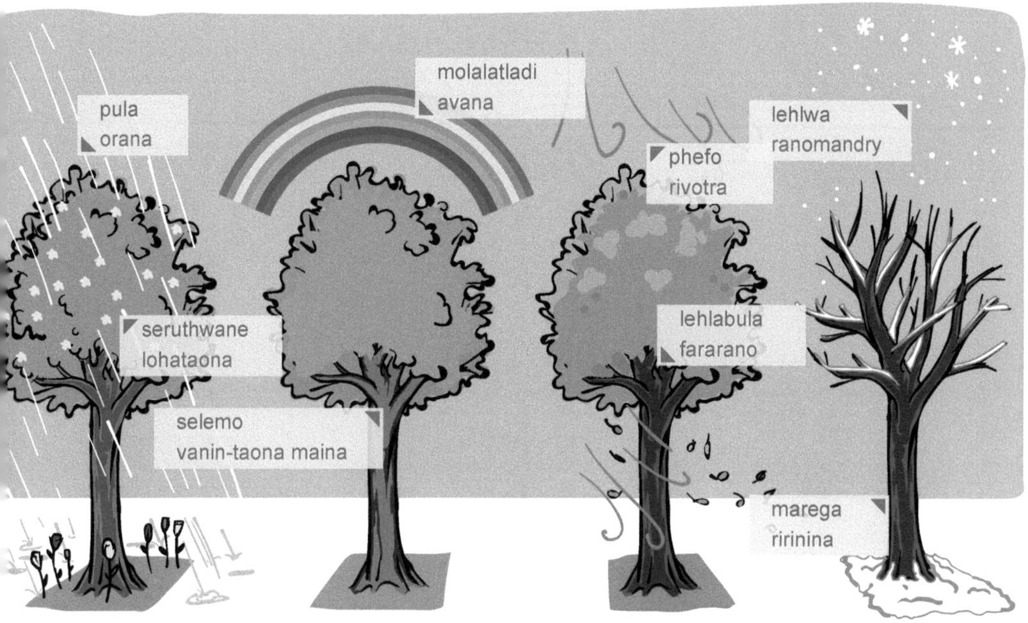

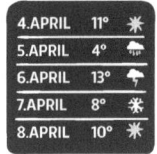

tsebišo ya leratadima
vinavina ara-toetrandro

F C
120 90 60 30 0 -30
40 30 20 10 0 -10 -20

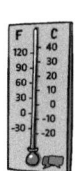

thermometer
thermomètre

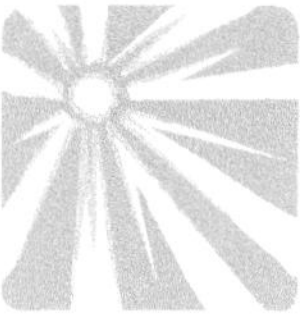

mahlasedi a letšatši
tara-masoandro

maru
rahona

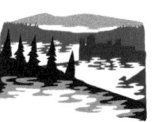

kgudi
zavona

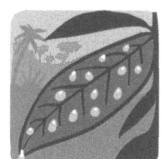

go koloba
hamandoana

legadima

tselatra

legadima

kotroka

ledimo

tafio-drivotra

sefako

havandra

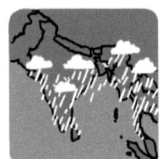

ledimo

fahavaratra

lefula

tondra-drano

lehlwa

vaingan-drano

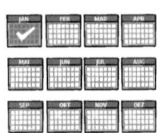

January

Janoary

February

Febroary

March

Martsa

April

Avrila

May

Mey

June

Jiona

July

Jolay

August

Aogositra

September
Septambra

October
Oktobra

November
Novambra

December
Desambra

dibopego
endrika

nthokolo
boribory

sekwere
efamira

rectangle
efajoro

theraekele
telozoro

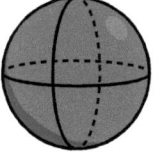

nthokolo
bola

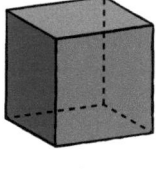

cube
goba

tshweu

fotsy

kheri

mavo

namone

laoranjy

pinki

mavokely

khubedu

mena

phepholo

voloparasy

pududu

manga

tala

maitso

tshehla

volotany

kerei

volondavenona

bontsho

mainty

še dintši / tše dinyenyane

betsaka / vitsy

befetšwe / theotše maswafo

tezitra / tony

botse / befile

tsara / ratsy

mathomo / mafelelo

fiandohana / fiafarana

kgolo / nyenyane

lehibe / kely

seetša / leswiswi

mazava / maloka

abuti / sesi

rahalahy / rahavavy

hlwekile / ditšhila

madio / maloto

feletše / ga se e felele

feno / banga

mosegare / bošego

andro / alina

hwile / o sa phela

maty / velona

go bulega / go tswalelega

malalaka / tery

e a jega / ga e jege

azo hanina / tsy fihinana

bobe / go loka

tsivalahara / tsara fanahy

mahlahlo / go tšwafa

endratra / sorena

bokoto / bosese

matavy / mahia

mathomo / mafelelo

voalohany / farany

mogwera / lenaba

mpinamana / mpifahavalo

e tletše / ga e na selo

feno / foana

tiile / e bonolo

mafy / malefaka

ya roba / e bobebo

mavesatra / maivana

tlala / mokhoro

noana / mangetaheta

go babja / phetše gabotse

marary / salama

ga e molaong / e molaong

tsy ara-dalàna / ara-dalàna

bohlale / lešilo

mahay / vendrana

le letshadi / le letona

havia / havanana

kgaufsi / kgole

akaiky / lavitra

mapsha / e dirišitšwe

vaovao / tranainy

selo / se sengwe

tsy misy / misy

motšofadi / mofsa

antitra / tanora

laeta / tima

mandeha / maty

bula / tswalela

mivoha / mihidy

homola / rasa

mangina / mitabataba

go huma / go diila

nanankarena / mahantra

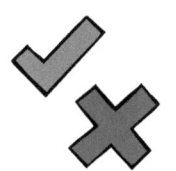

e lokilego / e sa lokago

marina / diso

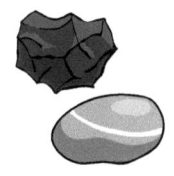

makgwakgwa / go thelela

marokoroko / malama

go nyama / go thaba

malahelo / faly

mokopana / motelele

fohy / lava

go nanya / go kitima

mora / faingana

go koloba / go oma

mando / maina

borutho / go tonya

mafana / mangatsiaka

ntwa / khutšo

ady / fahalemana

0

nnoto

aotra

1

tee

iray

2

pedi

roa

3

tharo

telo

4

nne

efatra

5

tlhano

dimy

6

tshela

enina

7

šupa

fito

8

seswai

valo

9

senyane

sivy

10

lesome

folo

11

lesome tee

iraikambinifolo

12

lesome pedi

roambinifolo

13

lesome tharo

teloambinifolo

14

lesome nne

efatrambinifolo

15

lesome tlhano

dimiambinifolo

16

lesome tshela

eninambinifolo

17

lesome šupa

fitoambinifolo

18

lesome seswai

valoambinifolo

19

lesome senyane

siviambinifolo

20

masomepedi

roapolo

100

lekgolo

zato

1.000

sekete

arivo

1.000.000

milione

tapitrisa

Seisemane

Anglisy

Seisemane sa Amerika

Anglisy amerikana

Sechina sa Mandarin

Fiteny sinoa mandarina

Sehindi

Hindi

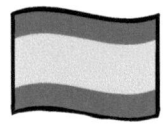

Spanish

Espaniola

Sefora

Frantsay

Searabic

Fiteny arabo

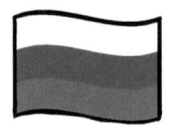

Serašia

Fiteny rosiana

Sepotokisi

Portogey

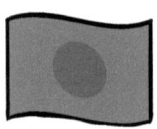

Sebengali

Bengaly

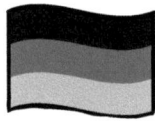

Sejeremane

Alemà

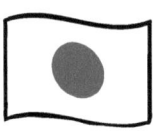

Sefapane

Japoney

Nna

izaho

wena

ianao

yena / yona

izy / io

rena

isika

wena

ianao

bona

zareo

bomang?

iza?

eng?

inona?

bjang?

ahoana?

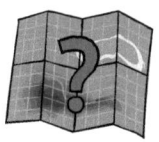

mo kae?

aiza?

neng?

oviana?

leina

anarana

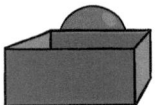

ka morago

aorina

go

anaty

kgaufsi le

anoloana

godimo ga

any

go

ambony

ka tlase ga

ambany

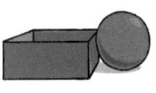

ka lehlakoreng la

ankila

magareng ga

afovoany

lefelo

toerana